◎地球《ちきゅう》ものがたり

熱帯《ねったい》の森《もり》の家族《かぞく》

関野吉晴《せきのよしはる》

ほるぷ出版

熱帯《ねったい》の森《もり》の家族《かぞく》　目次《もくじ》

はじめに

ぼくたち人間《にんげん》も、動物《どうぶつ》です。
どの動物《どうぶつ》よりも賢《かしこ》く、ことばや文化《ぶんか》を作《つく》り、
文明《ぶんめい》を生《う》みました。
しかし、どの動物《どうぶつ》より愚《おろ》かでもあります。
生《う》みだした文明《ぶんめい》が、地球《ちきゅう》を壊《こわ》しはじめています。
今《いま》や地球上《ちきゅうじょう》に、
人間《にんげん》の住《す》んでいないところはありません。
他《ほか》の動物《どうぶつ》は、別《べつ》の環境《かんきょう》に移動《いどう》するには、
自分《じぶん》の体《からだ》を変《か》えないと、生《い》きていけませんでした。
しかし人間《にんげん》は、どんなきびしい環境《かんきょう》でも、
衣食住《いしょくじゅう》や生《い》き方《かた》、
つまり文化《ぶんか》をそこに適《てき》したものにし、
そこを「住《す》みやすいところ」にしてしまったのです。
どのような知恵《ちえ》と工夫《くふう》で、適応《てきおう》していったのか。
地球《ちきゅう》を壊《こわ》さずに、ともに生《い》き延《の》びるためには、
どんな生《い》き方《かた》があるのか。
いっしょに見《み》ていきましょう。

土《つち》を食《た》べに集《あつ》まったルリコンゴウインコ。

森《もり》のなかにひそむジャガー。

アルマジロ。穴《あな》のなかに住《す》んでいる。

ワイルドターキー（野生《やせい》のシチメンチョウ）。

絶滅危惧種《ぜつめつきぐしゅ》のオオカワウソ。

世界最大《せかいさいだい》のネズミの仲間《なかま》、カピバラ。

日光浴《にっこうよく》をするクロカイマン。

沼《ぬま》を移動《いどう》するメガネカイマン。

チャラパという水《みず》にすむカメ。

ツメバケイ。

アナコンダがワニをしめている。

イグアナ。

熱帯《ねったい》の森《もり》の生活《せいかつ》

◉アマゾンの自然《しぜん》

世界最大《せかいさいだい》の森《もり》アマゾンでは、
たくさんの動物《どうぶつ》と植物《しょくぶつ》を見《み》ることができます。
こんもりとしげった森《もり》は、
一見《いっけん》豊《ゆた》かそうに見《み》えますが、
実際《じっさい》は、栄養《えいよう》の少《すく》ないやせた土地《とち》です。
アマゾンを歩《ある》いていると、気《き》づくことがあります。
同《おな》じ種類《しゅるい》の木《き》をさがすのが大変《たいへん》なのです。
貧《まず》しい土地《とち》で生《い》き残《のこ》るために、
根《ね》のはり方《かた》や、必要《ひつよう》な栄養分《えいようぶん》のことなる
いろんな種類《しゅるい》の植物《しょくぶつ》が、
栄養分《えいようぶん》をゆずりあって生《は》えているからです。
ぼくが出会《であ》ったアマゾンに住《す》む人《ひと》たちは、
この森《もり》の恵《めぐ》みを受《う》け、この森《もり》と同《おな》じように
ものをわけあって暮《く》らしていました。

魚《さかな》とりに行《い》く先住民《せんじゅうみん》マチゲンガ族《ぞく》の一家《いっか》。泊《と》まりがけの旅《たび》でも、荷物《にもつ》はほんのわずかです。

ぼくがマチゲンガの人《ひと》びとと初《はじ》めて出会《であ》ったころ、村《むら》にはまだ学校《がっこう》がなく、子《こ》どもたちにとっては森《もり》や川《かわ》が先生《せんせい》でした。

なかよくなったトウチャン一家《いっか》が住《す》んでいたのは、標高《ひょうこう》1000メートルに近《ちか》いところでした。川《かわ》の流《なが》れがはやく、水《みず》はすんでいます。

早朝《そうちょう》、家《いえ》いえから煙《けむり》がたちのぼります。家《いえ》の周囲《しゅうい》に焼畑《やきはた》があり、そのまわりには原生林《げんせいりん》が広《ひろ》がっています。

熱帯《ねったい》の森《もり》の生活《せいかつ》◉出会《であ》い

南米《なんべい》ペルーのアマゾンの森奥深《もりおくふか》くに、
ひっそりと暮《く》らすマチゲンガ族《ぞく》がいます。
ぼくが初《はじ》めて彼《かれ》らに会《あ》ったのは、
1973年《ねん》6月《がつ》のことです。
何日《なんにち》もかけて川《かわ》をさかのぼり、森《もり》を抜《ぬ》け、
やっと着《つ》いた山《やま》の頂上《ちょうじょう》に、
小《ちい》さな家《いえ》が3軒《けん》、建《た》っていました。
近《ちか》づいても、人《ひと》の気配《けはい》がありません。
知《し》らないよそ者《もの》（ぼく）が来《き》たので、
みんな森《もり》のなかに逃《に》げこんでしまったのです。
案内人《あんないにん》が説得《せっとく》すると、森《もり》から出《で》てきました。
上半身《じょうはんしん》ははだかで、
腰《こし》に布《ぬの》をまとっています。
1週間滞在《しゅうかんたいざい》してなかよくなり、
2カ月後《げつご》、ふたたびおとずれました。
前《まえ》の滞在《たいざい》で友《とも》だちになったと思《おも》っていたら、
今度《こんど》も森《もり》に逃《に》げていってしまいました。
それほど、よそ者《もの》を警戒《けいかい》しているのです。
3カ月滞在《げつたいざい》し、すっかりなかよくなって、
その後《ご》40年《ねん》以上《いじょう》、
家族《かぞく》のようなつきあいが続《つづ》いています。

子《こ》どもたちが川《かわ》の急流《きゅうりゅう》をわたるのは危険《きけん》です。大人《おとな》の手《て》や身体《からだ》にしがみついて必死《ひっし》にわたります。

なかよくなると、彼《かれ》らが明《あか》るくおしゃべりだということがわかってきました。特《とく》に男《おとこ》たちは話《はな》し好《ず》きです。

旅《たび》のあいだも、男《おとこ》たちは弓《ゆみ》と矢《や》の束《たば》を手放《てばな》しません。いつ獲物《えもの》があらわれるか、わからないからです。

熱帯《ねったい》の森《もり》の生活《せいかつ》

◉自然《しぜん》と一体《いったい》の暮《く》らし

マチゲンガの家《いえ》のなかには、
素材《そざい》のわからないものがありません。
柱《はしら》、屋根《やね》、ベッド、敷物《しきもの》、服《ふく》、
かご、弓矢《ゆみや》、袋《ふくろ》など、すべて、
まわりの自然《しぜん》から素材《そざい》を取《と》ってきて、
自分《じぶん》たちで作《つく》ってしまいます。
きれい好《ず》きで、よくそうじをし、
バナナの皮《かわ》、灰《はい》、
トウモロコシの芯《しん》など、
家《いえ》で出《で》たゴミを集《あつ》めて、
近《ちか》くの森《もり》に捨《す》てます。
それらのゴミは、
動物《どうぶつ》や昆虫《こんちゅう》が食《た》べたり、
微生物《びせいぶつ》が分解《ぶんかい》したりします。
ペットボトルなどとちがい、
どれも、いつか土《つち》に返《かえ》って、
土《つち》の養分《ようぶん》になります。
マチゲンガの使《つか》うものは、
自然《しぜん》のなかで循環《じゅんかん》し、
地球《ちきゅう》をよごすことはないのです。

かごや敷物《しきもの》を作《つく》るのは女性《じょせい》たちの仕事《しごと》です。

乾燥《かんそう》させた棒《ぼう》のまさつ熱《ねつ》で火《ひ》をおこします。

ヤシの葉《は》で敷物《しきもの》を作《つく》っているところ。

小《ちい》さい女《おんな》の子《こ》でも火《ひ》のあつかいはお手《て》のものです。

母親《ははおや》が娘《むすめ》にかご作《づく》りを教《おし》えます。

土《ど》鍋《なべ》作《づく》りは女性《じょせい》たちの大事《だいじ》な仕事《しごと》です。森《もり》のなかで見《み》つけた粘土《ねんど》で、じょうずに鍋《なべ》を作《つく》ります。

木《き》の皮《かわ》をはぎ、棒《ぼう》で何回《なんかい》もたたくと、やわらかくしなやかになります。それを毛布《もうふ》にします。

袋《ふくろ》は樹皮《じゅひ》の繊維《せんい》で作《つく》ります。

綿《めん》の糸《いと》で織《お》って、腰巻《こしま》きを作《つく》ります。

綿《めん》をつんで、乾燥《かんそう》させます。

ホウカンチョウの胸毛《むなげ》をきれいにならべて、男《だん》性《せい》の頭《あたま》かざりを作《つく》ります。

バルサという軽《かる》くてやわらかい木《き》を切《き》ってきて、かたいヤシの木《き》でくぎを作《つく》り、3、4時間《じかん》もあればイカダを作《つく》ってしまいます。川《かわ》の移動《いどう》には欠《か》かせない乗《の》り物《もの》です。

熱帯《ねったい》の森《もり》の生活《せいかつ》◉ペットを飼《か》う

マチゲンガの村《むら》には、犬《いぬ》、ネコ、
ニワトリ以外《いがい》にも、たくさんの動物《どうぶつ》がいます。
これらの野生動物《やせいどうぶつ》は、
つないであるわけではありません。
森《もり》に帰《かえ》ろうと思《おも》えば、いつでも帰《かえ》れるのです。
実際《じっさい》、帰《かえ》っていく動物《どうぶつ》もいます。
マチゲンガの人《ひと》びとは、
狩《か》りでとった動物《どうぶつ》は食料《しょくりょう》にしますが、
いったんペットにして暮《く》らしをともにすると、
ぜったいに殺《ころ》して食《た》べようとはしません。
家《いえ》のまわりには半野生《はんやせい》の動物《どうぶつ》がたくさんいて、
人間《にんげん》も動物《どうぶつ》も、自然《しぜん》の一部《いちぶ》になって
いっしょに生活《せいかつ》しています。

❶1羽《わ》ずつインコにえさをあげます。
❷コンゴウインコ。
❸手《て》のうえで鳥《とり》をあそばせる少女《しょうじょ》。
❹犬《いぬ》はペットでもあり、猟犬《りょうけん》でもあります。
❺森《もり》にいるリクガメ。
❻ヨザルにえさをあげているところ。
❼オウギワシのひなを旅《たび》の友《とも》にします。
❽カワセミ。
❾ミツユビナマケモノ。
❿オウギワシのひな。
⓫ペッカリーの子《こ》。
⓬野性《やせい》では夜行動《よるこうどう》するヨザル。

口《くち》でインコにえさをあげる女《おんな》の子《こ》。

ユカイモを煮《に》たり、糸《いと》つむぎをしたり、女性《じょせい》の仕事《しごと》はたくさんあります。

10
7
4
1
11
8
5
2
12
9
6
3

食《た》べ物《もの》をとる◉狩《か》り

マチゲンガの男《おとこ》たちがいちばん
生《い》き生《い》きとした顔《かお》をするのは、
狩《か》りに行《い》くときです。
弓矢《ゆみや》を手《て》に、
意気《いき》ようようと森《もり》に入《はい》っていきます。
みんな、森《もり》のなかで
動物《どうぶつ》の足《あし》あとを見《み》れば、
なにがいつ歩《ある》いたのかわかります。
そして、弓矢《ゆみや》を
じょうずにあやつって
獲物《えもの》をとります。

狩《か》りでは、先祖代々《せんぞだいだい》つたわっている
森《もり》や動物《どうぶつ》、川《かわ》についての知識《ちしき》、
それに技術《ぎじゅつ》や想像力《そうぞうりょく》など、
持《も》っている能力《のうりょく》をすべて使《つか》って、
うまい肉《にく》を手《て》に入《い》れるのです。
狩《か》りは時間《じかん》とエネルギーを使《つか》う
生《い》きるために必要《ひつよう》な労働《ろうどう》ですが、
見《み》ていると、
楽《たの》しくてたまらないようでした。

ヤシの幹《みき》で作《つく》った矢《や》じり。魚《さかな》や鳥《とり》をとるのに使《つか》います。

家《いえ》にいるとき、男《おとこ》たちはよく矢作《やづく》りをしています。ていねいに矢羽《やばね》を取《と》りつけ、美《うつく》しい矢《や》ができます。

矢《や》は100メートルは軽《かる》く飛《と》びますが、獲物《えもの》をとるときは威力《いりょく》を出《だ》すため、なるべく近寄《ちかよ》って射《い》ます。

子《こ》どもたちも自分《じぶん》の身体《からだ》に合《あ》った大《おお》きさと強《つよ》さの弓矢《ゆみや》を作《つく》って、小動物《しょうどうぶつ》や鳥《とり》、魚《さかな》をとります。

世界最強《せかいさいきょう》のワシ、オウギワシ。

まっすぐな矢《や》じくはイサナという草《くさ》を栽培《さいばい》して作《つく》ります。

ウーリーモンキーは群《む》れで移動《いどう》するので、一度《いちど》に何匹《なんびき》もとれることがあります。

野生《やせい》のシチメンチョウ。比較的《ひかくてき》とりやすい獲物《えもの》です。

羽《はね》をむしりとり、煮《に》て食《た》べます。

バクやシカ、ペッカリーなど大型《おおがた》の動物《どうぶつ》がとれたときは、くんせいにします。生木《なまき》でやぐらを組《く》み、肉《にく》を弱火《よわび》で20時間《じかん》ほどいぶします。

食《た》べ物《もの》をとる◎魚《さかな》とり

動物《どうぶつ》をとる狩《か》りに比《くら》べたら、
魚《さかな》とりはかんたんです。
最近《さいきん》は釣り糸《いと》と釣《つ》り針《ばり》を使《つか》いますが、
以前《いぜん》は弓矢《ゆみや》でとっていました。
浅瀬《あさせ》にいる魚《さかな》にそっと近《ちか》づき、
弓《ゆみ》で射《い》るのです。
大量《たいりょう》にとるときは、
コウギという毒《どく》のある木《き》を使《つか》います。
コウギの根《ね》を掘《ほ》りだし、
石《いし》でたたきつぶすと、
白《しろ》い毒液《どくえき》がにじみでてきます。
それを川《かわ》の上流《じょうりゅう》で水《みず》にひたすと、
毒《どく》が流《なが》れだし、
5分《ふん》もすると下流《かりゅう》で
魚《さかな》があばれながら浮《う》いてくるのです。
毒《どく》は魚《さかな》をしびれさせているだけで、
食《た》べても、人《ひと》には影響《えいきょう》ありません。

シマというコイのような魚《さかな》は、浅瀬《あさせ》にいて背《せ》びれが水面上《すいめんじょう》に出《で》ていたりするので、弓矢《ゆみや》で射《い》ってとります。

栽培《さいばい》しているコウギの根《ね》を掘《ほ》りだし、魚《さかな》がいそうな場所《ばしょ》まで運《はこ》びます。

たたいた根《ね》を袋《ふくろ》に入《い》れて、大声《おおごえ》で呪文《じゅもん》をとなえながら川《かわ》にひたすと、白《しろ》い毒液《どくえき》が下流《かりゅう》に流《なが》れていきます。

岩《いわ》のうえにコウギの根《ね》をおき、石《いし》でたたきます。

コウギの毒《どく》を使《つか》ってとった魚《さかな》。釣《つ》りや弓矢《ゆみや》でとるよりも、一度《いちど》にたくさんの魚《さかな》が手《て》に入《はい》ります。

食《た》べ物《もの》をとる

◉採集《さいしゅう》

森《もり》では、果実《かじつ》や、ナッツ、
ヤマイモなどがとれます。
川《かわ》では、貝《かい》、エビ、カニ、
小魚《こざかな》などがとれます。
昆虫《こんちゅう》や幼虫《ようちゅう》、
カメとその卵《たまご》も
とって食《た》べます。
これらの採集《さいしゅう》は、
狩《か》りとはちがって、
女性《じょせい》や子《こ》どもたちでも
無理《むり》なくできます。
大人《おとな》の男《おとこ》たちも、
狩《か》りや魚《さかな》とりの
行《い》き帰《かえ》りに見《み》つけ、
持《も》ち帰《かえ》ります。
葉《は》につつんで
火《ひ》の近《ちか》くにおき、
蒸《む》し焼《や》きにして食《た》べます。
栄養満点《えいようまんてん》のおやつです。

森《もり》のなかにはたくさんのヤマイモが自生《じせい》しています。煮《に》たり焼《や》いたりして食《た》べます。

森《もり》で掘《ほ》ったヤマイモを持《も》って川原《かわら》に集《あつ》まってきた女性《じょせい》たち。

小川《おがわ》でカニや巻貝《まきがい》がとれます。

キノコ。いろんな種類《しゅるい》が生《は》えています。

カブトムシの幼虫《ようちゅう》。

ヨロイナマズ。

昆虫《こんちゅう》の幼虫《ようちゅう》。みんなの好物《こうぶつ》です。

カメの卵《たまご》。

たくさんとれたヤシの実《み》。

食《た》べ物《もの》をとる◉焼畑《やきはた》

マチゲンガの主食《しゅしょく》は、焼畑《やきはた》で作《つく》った
バナナやユカイモ、トウモロコシなどです。
焼畑農業《やきはたのうぎょう》では、木《き》や草《くさ》を焼《や》いてできた灰《はい》が肥料《ひりょう》となります。
焼《や》くことで害虫《がいちゅう》もいなくなるので、農薬《のうやく》も必要《ひつよう》ありません。
2、3年《ねん》ごとに畑《はたけ》の場所《ばしょ》をかえ、
焼《や》かれた土地《とち》は数年《すうねん》でもとの雑木林《ぞうきばやし》に戻《もど》っていきます。
先進国《せんしんこく》の農業生産《のうぎょうせいさん》は、たくさんの収穫《しゅうかく》がありますが、
それは、機械《きかい》や化学肥料《かがくひりょう》、農薬《のうやく》を使《つか》っているからです。
同《おな》じ作物《さくもつ》を大量《たいりょう》に植《う》えるプランテーションは、
一見効率《いっけんこうりつ》はいいのですが土《つち》の負担《ふたん》は大《おお》きく、
化学肥料《かがくひりょう》が必要《ひつよう》になり、いずれ砂漠《さばく》になってしまいます。
砂漠《さばく》になると、二度《にど》ともとの森林《しんりん》には戻《もど》りません。
それにたいしてマチゲンガの焼畑農業《やきはたのうぎょう》は、
土地《とち》をあらさない持続可能《じぞくかのう》な農業《のうぎょう》なのです。
焼畑《やきはた》というと環境破壊《かんきょうはかい》をしているように思《おも》われますが、
かえって環境《かんきょう》にやさしいのです。

雨季《うき》が終《お》わってしばらくすると、焼畑《やきはた》を作《つく》るために、木《き》を切《き》り倒《たお》します。

倒《たお》した木《き》をそのままにして乾季《かんき》のあいだ乾《かわ》かし、
雨季《うき》のはじまる前《まえ》に焼《や》いて畑《はたけ》にします。

▶乾燥《かんそう》した木々《きぎ》に火《ひ》をつけます。灰《はい》は大切《たいせつ》な肥料《ひりょう》になります。畑《はたけ》にはバナナ、ユカイモ、サトイモ、サトウキビ、トウモロコシ、パパイヤなど、いろいろな植物《しょくぶつ》を混《ま》ぜて植《う》えます。

家《いえ》のまわりの畑《はたけ》にさまざまな作物《さくもつ》を植《う》えます。

ヤーコンを収穫《しゅうかく》する女性《じょせい》たち。

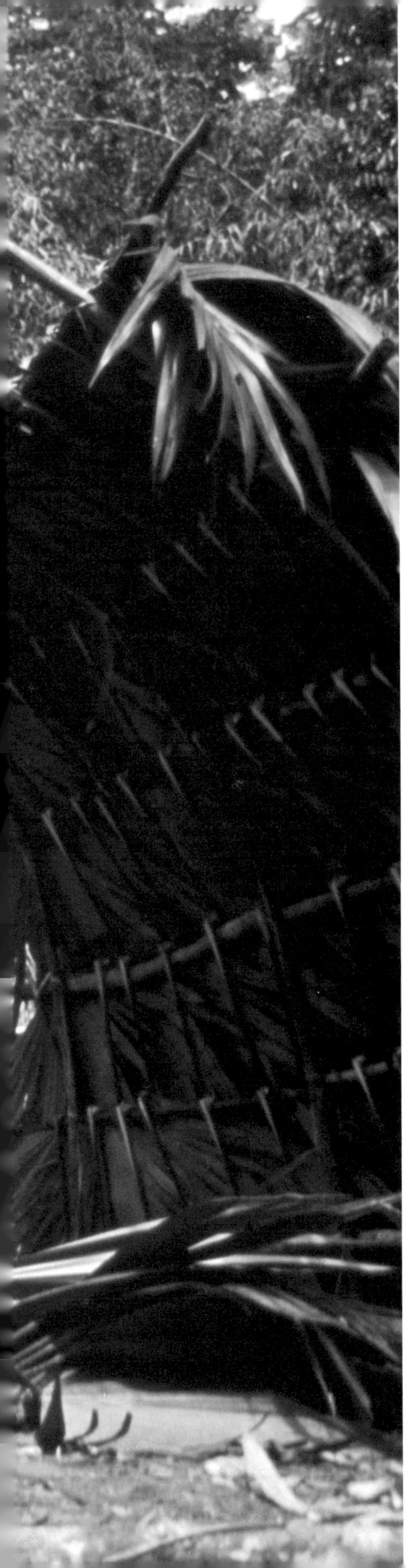

家《いえ》◉自分《じぶん》で建《た》てる

マチゲンガの人《ひと》びとは、焼畑《やきはた》の収穫《しゅうかく》が落《お》ちる
2、3年《ねん》ごとにあたらしい土地《とち》に移《うつ》り住《す》みます。
死人《しにん》や病人《びょうにん》が出《で》たときも
別《べつ》の土地《とち》に移《うつ》る習慣《しゅうかん》があるので、
そのたびにあたらしい家《いえ》を作《つく》ることになります。
家《いえ》は、自分《じぶん》たちで作《つく》ります。
木《き》の皮《かわ》で作《つく》ったロープで骨組《ほねぐ》みを固定《こてい》し、
草《くさ》や葉《は》をていねいに重《かさ》ねて屋根《やね》をふきます。
吸血《きゅうけつ》コウモリや昆虫《こんちゅう》が入《はい》ってくるのを防《ふせ》ぐため、
窓《まど》はなく、入口《いりぐち》も小《ちい》さいので、室内《しつない》は暗《くら》いです。
いつまでに作《つく》らなければいけないという
期限《きげん》はないので、気《き》が向《む》かないときは
しばらく中断《ちゅうだん》しても誰《だれ》も文句《もんく》は言《い》いません。
みんな、のんびり楽《たの》しみながら建《た》てています。

コゴーリョという草《くさ》をあんで屋根《やね》をふいています。

屋根《やね》の骨組《ほねぐ》みをロープで結《むす》びます。

ひと晩《ばん》すごすための小屋《こや》から数年《すうねん》住《す》むための家《いえ》まで、さまざまな家《いえ》を作《つく》ります。これは狩《か》りのときに使《つか》う家《いえ》。屋根《やね》はヤシの葉《は》でふいています。

家《いえ》を建《た》てるのは男《おとこ》たちの仕事《しごと》です。休《やす》み時間《じかん》をたっぷりとりながら、少《すこ》しずつ建《た》てていきます。

建設《けんせつ》とちゅうの家《いえ》。

家《いえ》◉ちょうどいい大《おお》きさ

マチゲンガは、労力《ろうりょく》をかけて大《おお》きな家《いえ》は作《つく》りません。
親子《おやこ》10人《にん》の世帯《せたい》で、およそ8畳《じょう》ていどです。
それが、ちょうどいい大《おお》きさなのです。
人類《じんるい》が適正《てきせい》を越《こ》えた大《おお》きさの家《いえ》に住《す》みたいと
思《おも》うようになったのは、
長《なが》い歴史《れきし》のなかで、ごく最近《さいきん》のことです。
一部《いちぶ》の人間《にんげん》が富《とみ》を独占《どくせん》し、周囲《しゅうい》にいばりたいからです。
「大《おお》きいことはいいことだ」と考《かんが》えるようになってから、
人間《にんげん》と自然《しぜん》との関係《かんけい》が壊《こわ》れてしまいました。
「大《おお》きいこと」「多《おお》いこと」をよしとする社会《しゃかい》は
大量生産《たいりょうせいさん》、大量消費《たいりょうしょうひ》につながり、
人類《じんるい》の自然破壊《しぜんはかい》が時代《じだい》が進《すす》むとともに加速《かそく》してきました。

家《いえ》のなか。天井《てんじょう》からは、かごや土器《どき》、イモなどがぶらさがっています。

小《ちい》さな入口《いりぐち》。夜《よる》はふさいでしまいます。

雨《あま》もりがあれば、すぐに屋根《やね》にのぼって修《しゅう》ぜんします。下《した》では女性《じょせい》たちがかごを作《つく》っています。

社会《しゃかい》◉平等《びょうどう》な食事《しょくじ》

マチゲンガは、とってきた獲物《えもの》は平等《びょうどう》にわけます。動物《どうぶつ》をしとめたら、作《つく》った肉料理《にくりょうり》を持《も》ちより、丸《まる》くなってすわって、いっしょに食《た》べます。男《おとこ》たちは肉《にく》をくんせいにし、同《おな》じようにみんなで食《た》べます。

マチゲンガの人《ひと》たちの、ものの動《うご》きを見《み》ていると、ぼくたちの社会《しゃかい》とかなりちがうことに気《き》づきます。ものが、必要《ひつよう》としている人《ひと》に行《い》きわたるのです。だれもものに固執《こしつ》せず、そのとき必要《ひつよう》なければ、欲《ほ》しがっている人《ひと》にあっさりゆずってしまいます。村《むら》のなかで、たらふく食《た》べている人《ひと》がいるいっぽうで、おなかをすかせた人《ひと》がいる、ということはありません。ここのような少人数《しょうにんずう》の集団《しゅうだん》でひとりじめなどすれば、限《かぎ》られたものや食料《しょくりょう》をめぐって争《あらそ》いが起《お》きます。平等《びょうどう》にわけることによって、平和《へいわ》な社会《しゃかい》をきずいてきたのです。

食事《しょくじ》は男女別《だんじょべつ》べつにすわって食《た》べます。老若男女《ろうにゃくなんにょ》みんな同《おな》じメニューです。

バクのくんせいを食《た》べる男性《だんせい》たち。大型動物《おおがたどうぶつ》の肉《にく》を食《た》べるときは、みんな楽《たの》しそうです。

鍋《なべ》のふたにはバナナなどの大型《おおがた》の葉《は》っぱを使《つか》います。

肉《にく》や魚《さかな》が少《すく》ない食事《しょくじ》のときは静《しず》かです。

お酒《さけ》を飲《の》み、よっぱらってくると、男《おとこ》たちはたいこをたたいておどりだします。

男性《だんせい》だけでなく女性《じょせい》もお酒《さけ》が大好《だいす》きです。

お酒《さけ》の材料《ざいりょう》はユカイモです。

お酒《さけ》を飲《の》んでいるところ。

熱帯《ねったい》の森《もり》の家族《かぞく》◉トウチャン一家《いっか》

トウチャン一家《いっか》は、ぼくがマチゲンガでいちばんなかよくしている家族《かぞく》です。

じつは、みんなの名前《なまえ》はぼくがつけました。

初《はじ》めて会《あ》ったとき、夫婦《ふうふ》には息子《むすこ》6人《にん》、娘《むすめ》ふたりがいました。

少《すこ》し慣《な》れてきて、家族全員《かぞくぜんいん》の名前《なまえ》をたずねると、名前《なまえ》がないといいます。

家族《かぞく》だけで暮《く》らすマチゲンガの人《ひと》びとは、「おやじ」「おふくろ」「娘《むすめ》」「息子《むすこ》」と呼《よ》びあっていれば不自由《ふじゆう》しないので、各自《かくじ》の名前《なまえ》は必要《ひつよう》なかったのです。

驚《おどろ》いていると、全員《ぜんいん》に名前《なまえ》をつけろと頼《たの》まれました。お父《とう》さんとお母《かあ》さんは、トウチャン、カアチャンと名《な》づけました。

トウチャンの母親《ははおや》はバアチャン。

長男《ちょうなん》のアントニオ、次男《じなん》のハポン、3男《なん》のセンゴリ、4男《なん》のファン、5男《なん》のソロソロ、長女《ちょうじょ》のドーサ、次女《じじょ》のオルキーディア、6男《なん》のゴロゴロ。

ちょっといいかげんにつけた名前《なまえ》もあったのですが、思《おも》いもよらずその後《ご》、ぼくがつけた名前《なまえ》が定着《ていちゃく》してしまいました。

横《よこ》になってくつろぐトウチャンとカアチャン。
8人《にん》の子《こ》どもたちを育《そだ》てました。

トウチャンの母親《ははおや》、バアチャン。

羽《はね》で作《つく》った頭《あたま》かざりをつけたトウチャン。

サトウキビをかじるトウチャン。

年《とし》をとったカアチャン（2003年《ねん》）。

肉親《にくしん》が亡《な》くなると、髪《かみ》を切《き》ります。

木《き》の皮《かわ》の繊維《せんい》で袋《ふくろ》をあむカアチャン。

熱帯《ねったい》の森《もり》の家族《かぞく》◉ゴロゴロ

赤《あか》ん坊《ぼう》のころ、ゴロゴロはぼくと目《め》が合《あ》っただけで泣《な》きだし、母親《ははおや》の背中《せなか》にかくれていました。けれどもマチゲンガでは、あまやかされるのはほんの赤《あか》ん坊《ぼう》のころだけです。2歳《さい》になると、ナイフで遊《あそ》んでいてもだれも止《と》めません。けがをしながら、ナイフの使《つか》い方《かた》をおぼえていくのです。

6歳《さい》になると、身辺《しんぺん》のことは自分《じぶん》でできるようになり、10歳《さい》をすぎると、ひとりで森《もり》に入《はい》って獲物《えもの》をとるようになっていました。

大人《おとな》たちはだれも、手取《てと》り足取《あしと》り教《おし》えたりしません。ゴロゴロは狩《か》りについていって、みんなの動《うご》きを観察《かんさつ》し、小《ちい》さなナイフと手作《てづく》りの弓矢《ゆみや》で自分《じぶん》も立《た》ち向《む》かい、失敗《しっぱい》をくりかえして学《まな》びます。だれもゴロゴロを子《こ》ども扱《あつか》いしません。

あまやかすということは、まだ人間《にんげん》を一人《いちにん》前《まえ》とみなしていないということです。マチゲンガの世界《せかい》では、10歳《さい》にもなれば独立《どくりつ》した人《じん》格《かく》として認《みと》められるのです。

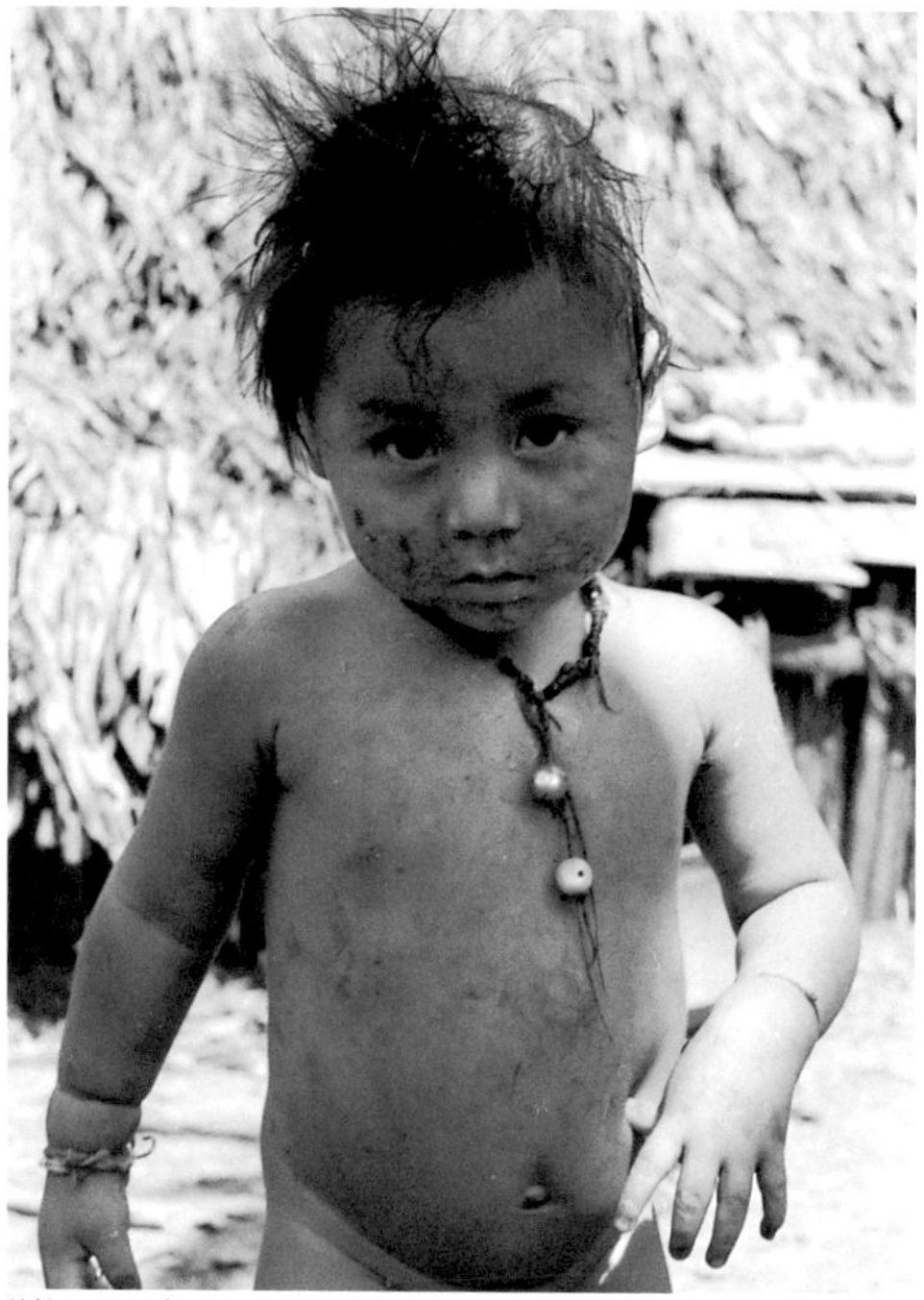

初《はじ》めて会《あ》ったころのゴロゴロ（1973年《ねん》）。

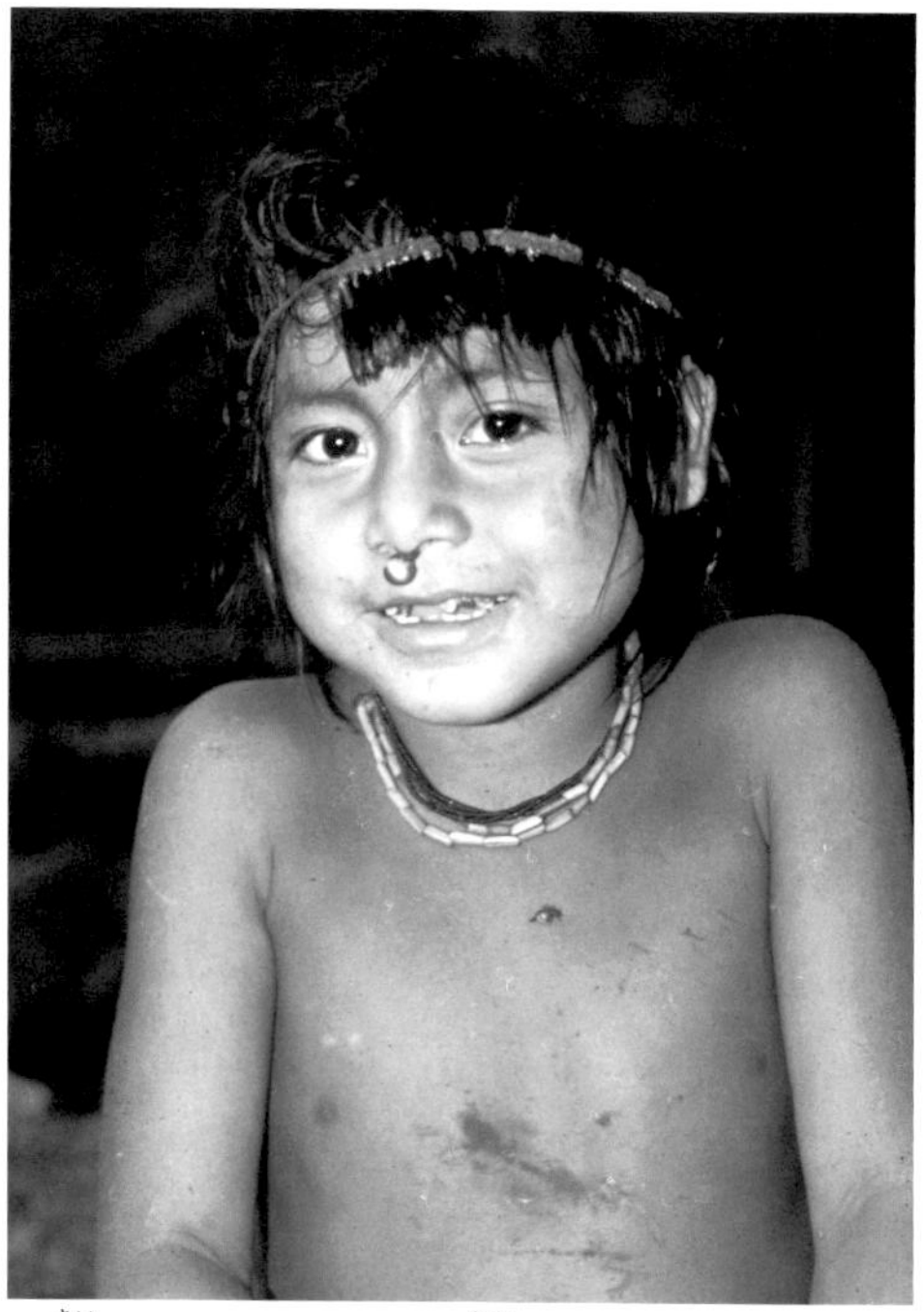

5歳《さい》。まだあどけない顔《かお》をしています。

10歳《さい》。畑《はたけ》の作物《さくもつ》を運《はこ》べるようになりました。

ペットのバクにえさをあたえる40歳《さい》のゴロゴロ（2012年《ねん》）。

10歳《さい》。もう一人前《いちにんまえ》としてあつかわれます。

40歳《さい》になったゴロゴロに家族《かぞく》が増《ふ》えました。

前妻《ぜんさい》と3人《にん》の子《こ》どもと。31歳《さい》（2003年《ねん》）。

熱帯《ねったい》の森《もり》の家族《かぞく》

◉ドーサ

初《はじ》めて出会《であ》ったとき、ドーサはまだ7歳《さい》くらいで、あどけない顔《かお》をしていました。そばにはいつも、パロマという20歳前後《さいぜんご》の青年《せいねん》が寄《よ》りそっていました。

パロマは、ドーサが大《おお》きくなったらお嫁《よめ》さんにするつもりで、狩《か》りに行《い》くとき以外《いがい》はいつもおさないドーサといっしょにいました。

ドーサが大人《おとな》になるのを待《ま》って無事《ぶじ》に結婚《けっこん》し、やがてふたりの子《こ》どもも生《う》まれ、平和《へいわ》に暮《く》らしていましたが、そこにワスカルがあらわれ、ドーサをパロマから奪《うば》いとったのです。ワスカルは、このあたりではいわば都会者《とかいもの》で、スペイン語《ご》も話《はな》せます。ドーサがワスカルに夢中《むちゅう》になるのに時間《じかん》はかかりませんでした。パロマはひとりで村《むら》を出《で》ていきました。

サルの足《あし》を料理《りょうり》しているところ（1982年《ねん》）。熱湯《ねっとう》につけて毛《け》を取《と》ります。

ヤーコンをかじる長女《ちょうじょ》ドーサ（1977年《ねん》）。

再婚《さいこん》して子《こ》どもたちも増《ふ》えました（2003年《ねん》）。

息子《むすこ》に水浴《みずあ》びをさせています（1984年《ねん》）。

息子《むすこ》が結婚《けっこん》し、孫《まご》ができました（2012年《ねん》）。

腰巻《こしま》きを織《お》るドーサ（2003年《ねん》）。

熱帯《ねったい》の森《もり》の家族《かぞく》

◉オルキーディア（1）

オルキーディアとは、彼女《かのじょ》が4歳《さい》のときに出会《であ》いました。恥《は》ずかしがり屋《や》だけどやさしい子《こ》で、いつもペットの動物《どうぶつ》をかわいがっていました。

マチゲンガの人《ひと》びとは、ハリウッドの映画《えいが》スターなみに結婚《けっこん》と離婚《りこん》をくりかえします。オルキーディアも、15歳《さい》のころ恋《こい》をしたトーマスとわかれてから、倍《ばい》以《い》上《じょう》年《とし》のはなれたリーノと出会《であ》い、結婚《けっこん》しました。

リーノにはすでに妻《つま》がいましたが、リーノの第《だい》1夫人《ふじん》はオルキーディアを歓迎《かんげい》しました。家《いえ》の仕事《しごと》を手伝《てつだ》ってくれるからです。

その後《ご》リーノともわかれ、別《べつ》の男性《だんせい》と再婚《さいこん》して、男《おとこ》の子《こ》ひとり、女《おんな》の子《こ》ふたりが生《う》まれました。今《いま》ではすっかりいいお母《かあ》さんです。

ヤーコンを収穫《しゅうかく》したオルキーディア（1977年《ねん》）。

思春期《ししゅんき》をむかえたオルキーディア（1982年《ねん》）。

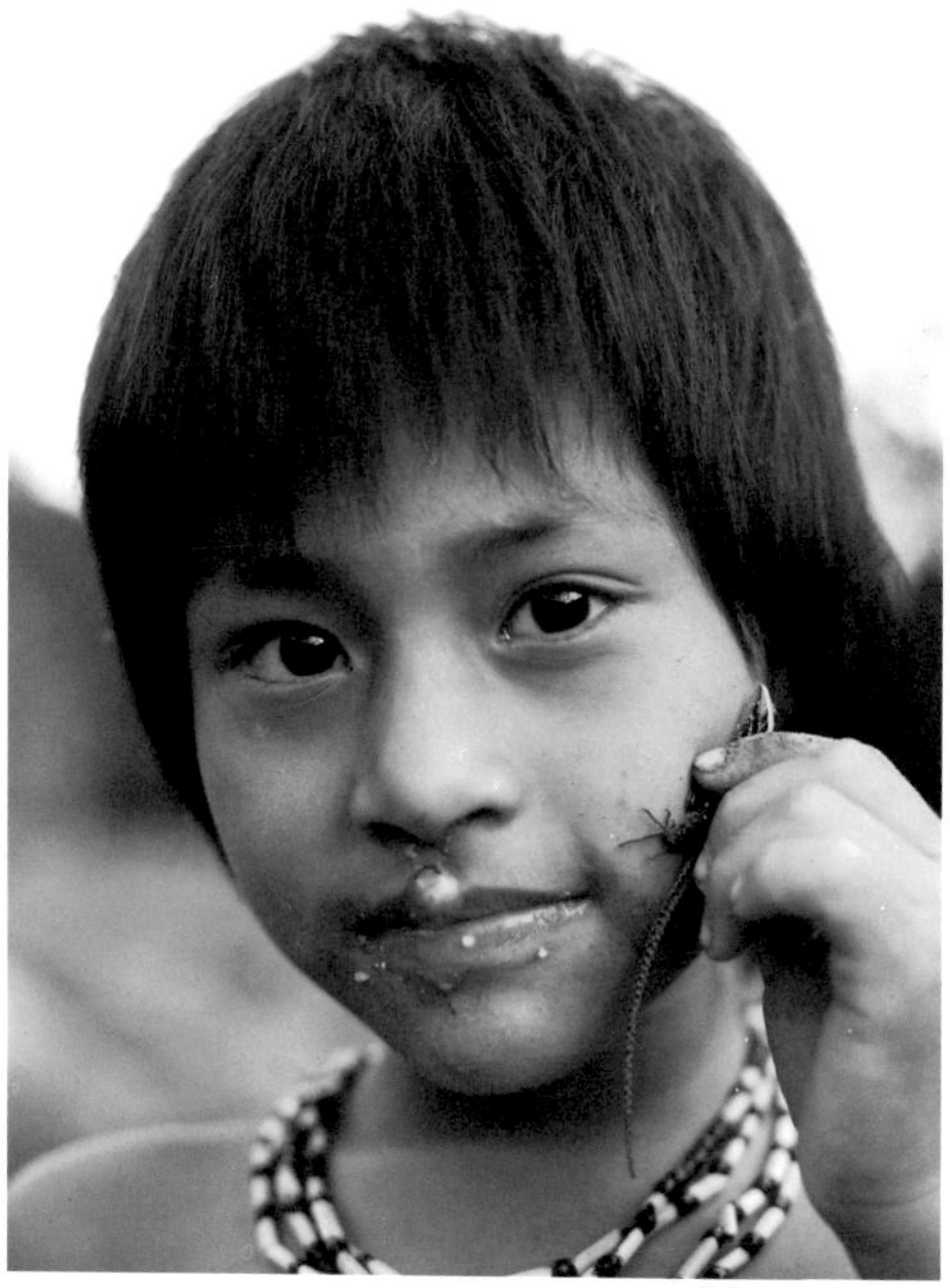
トカゲをつかまえました（1976年《ねん》）。

初《はじ》めて出会《であ》ったころ（1973年《ねん》）。

新妻《にいつま》になったオルキーディア。
30代《だい》なかばのリーノと結婚《けっこん》しました（1984年《ねん》）。

熱帯《ねったい》の森《もり》の家族《かぞく》

◉オルキーディア（2）

マチゲンガは、ひとりの男性《だんせい》が複数《ふくすう》の女性《じょせい》と結婚《けっこん》できる一夫多妻《いっぷたさい》制《せい》の社会《しゃかい》です。めずらしいと思《おも》うかもしれませんが、じつは世界《せかい》の民族《みんぞく》の8割《わり》は一夫多妻社会《いっぷたさいしゃかい》です。

マチゲンガでは、最初《さいしょ》の奥《おく》さんが2番目《ばんめ》の奥《おく》さんをほしがります。赤《あか》ちゃんの世話《せわ》、水《みず》くみ、炊事《すいじ》などを頼《たの》めるからです。一夫多妻《いっぷたさい》の家《いえ》は、家事《かじ》を分担《ぶんたん》できるので、女《じょ》性《せい》の負担《ふたん》が少《すく》なくなるのです。

この社会《しゃかい》では、男性《だんせい》がいばっているように見《み》えますが、決《けっ》してそんなことはありません。結婚《けっこん》するときには女性《じょせい》の同意《どうい》が必要《ひつよう》です。男性《だんせい》は、いつ奥《おく》さんが他《ほか》の人《ひと》と再《さい》婚《こん》して出《で》ていくかわからないので、安心《あんしん》していられません。男性《だんせい》にとってはしんどい世界《せかい》なのです。

リーノはすでに結婚《けっこん》していて、オルキーディア（左《ひだり》）は第《だい》2夫人《ふじん》になりました（1984年《ねん》）。

40代《だい》なかばになったころ（2012年《ねん》）。

息子《むすこ》と娘《むすめ》、夫《おっと》とともに（2003年《ねん》）。

リーノの弟《おとうと》ロベルトと再婚《さいこん》しました（1995年《ねん》）。

息子《むすこ》もふたりの娘《むすめ》も成長《せいちょう》して学校《がっこう》に通《かよ》っています（2012年《ねん》）。

変化《へんか》◉引《ひ》っ越《こ》し

トウチャンはがんこな男《おとこ》で、奥地《おくち》の、高《たか》い山《やま》のうえに家《いえ》と畑《はたけ》を作《つく》り、外部《がいぶ》の人間《にんげん》と会《あ》わずに暮《く》らしていました。川原《かわら》を歩《ある》くときも土《つち》のうえを歩《ある》かず、石《いし》をつたって歩《ある》きました。足《あし》あとを残《のこ》さないようにするためです。

ところが、息子《むすこ》や娘《むすめ》たちが次《つぎ》つぎと結婚《けっこん》して下流《かりゅう》の大《おお》きな集落《しゅうらく》におりていき、子《こ》どもたちに会《あ》うには、そっちへ行《い》かなければならなくなりました。

また、下流《かりゅう》では、アルミ鍋《なべ》や、刃物《はもの》、衣類《いるい》などの、奥地《おくち》に住《す》んでいたのではめったに手《て》に入《はい》らない文明《ぶんめい》の利器《りき》を手《て》に入《い》れられます。

１９８０年代以降《ねんだいいこう》、一家《いっか》は少《すこ》しずつ下流《かりゅう》に移動《いどう》してきました。40年前《ねんまえ》に初《はじ》めて行《い》ったときは、ペルーの首都《しゅと》クスコから一家《いっか》の住《す》む村《むら》まで10日《か》前後《ぜんご》かかりました。今《いま》は定期《ていき》バスも走《はし》っていて、翌日《よくじつ》には着《つ》きます。

最初《さいしょ》、2家族《かぞく》17人《にん》だけで暮《く》らしていた一家《いっか》は、今《いま》は１０３人《にん》もの大《おお》きな集落《しゅうらく》に暮《く》らしています。

トウチャンといっしょに。右《みぎ》が著者《ちょしゃ》（1982年《ねん》）。

息子《むすこ》ふたりと住《す》むカアチャンの家《いえ》に、子《こ》どもたちみんなが里帰《さとがえ》りしました（2003年《ねん》）。

変化《へんか》◉エコツーリズム

トウチャン一家《いっか》はマヌー国立公園内《こくりつこうえんない》に住《す》んでいました。この国立公園《こくりつこうえん》は四国《しこく》とほぼ同《おな》じ面積《めんせき》で、アマゾンの源流域《げんりゅういき》に広《ひろ》がっています。オオカワウソ、ジャガー、クロワニ、オオヤマネコなど、絶滅寸前《ぜつめつすんぜん》の動物《どうぶつ》がたくさんすみ、鳥類《ちょうるい》も８００種類以上確認《しゅるいいじょうかくにん》されています。ペルー最大《さいだい》の自然保護区《しぜんほごく》で、世界自然遺産《せかいしぜんいさん》にもなっています。

最近《さいきん》、ＮＧＯと文化人類学者《ぶんかじんるいがくしゃ》の支援《しえん》で、ここに宿泊《しゅくはく》ができるしゃれたロッジが建《た》てられました。太陽光発電《たいようこうはつでん》で明《あ》かりがつきます。野生動物《せいどうぶつ》や自然《しぜん》を守《まも》りながら、それらを観光資源《かんこうしげん》としてツーリストを呼《よ》びこもうという計画《けいかく》です。積極的《せっきょくてき》に現金収入《げんきんしゅうにゅう》を得《え》つつも、森《もり》を守《まも》っていこうと決心《けっしん》したようです。

かんたんなことではないのですが、うまくいけばいいなと願《ねが》っています。

マヌー国立公園《こくりつこうえん》のレンジャー事務所《じむしょ》。

1989年《ねん》には学校《がっこう》ができました。

遠《とお》くヨーロッパからツーリストが来《く》る、しゃれたロッジ（2012年《ねん》）。

ロッジのソーラーパネル。

ロッジの内部《ないぶ》。電灯《でんとう》も冷蔵庫《れいぞうこ》もあります。

おわりに

２０１２年《ねん》８月《がつ》、ひさしぶりにマチゲンガの家族《かぞく》に会《あ》いにいきました。トウチャンは18年前《ねんまえ》に、カアチャンも２年前《ねんまえ》に亡《な》くなっています。

初《はじ》めて会《あ》ったとき、まだよちよち歩《ある》きだったゴロゴロはもう40歳《さい》。小学校《しょうがっこう》のＰＴＡ会長《かいちょう》になっていました。長女《ちょうじょ》のドーサには孫《まご》がいました。オルキーディアの３人《にん》の子《こ》どもたちは、大《おお》きな村《むら》の学校《がっこう》へ通《かよ》い、携帯電話《けいたいでんわ》を持《も》っていました。みんな、トウチャンの母《はは》、バアチャンから数《かぞ》えて５世代《せだい》のつきあいになります。

出会《であ》いから40年《ねん》。パソコン、コンビニ、携帯《けいたい》電話《でんわ》の登場《とうじょう》と、日本《にほん》の状況《じょうきょう》が大《おお》きく変《か》わったように、彼《かれ》らの世界《せかい》も、ずいぶん変《か》わってきました。しかし、自然《しぜん》から材料《ざいりょう》を取《と》ってきて、なんでも自分《じぶん》たちで作《つく》り、自然《しぜん》に返《かえ》すという循環型《じゅんかんがた》の暮《く》らしはほとんど変《か》わっていません。わたしたちも、地球《ちきゅう》を壊《こわ》さない生《い》き方《かた》を見《み》ならわなければいけないと思《おも》います。

りっぱな校舎《こうしゃ》になった小学校《しょうがっこう》と生徒《せいと》たち。

むかえにきてくれたゴロゴロ（2012年《ねん》）。

村《むら》の学校《がっこう》は小学校低学年《しょうがっこうていがくねん》までです。
高学年《こうがくねん》からは別《べつ》の村《むら》の学校《がっこう》に行《い》きます。

解説《かいせつ》

◉先住民族《せんじゅうみんぞく》マチゲンガ

アマゾンの熱帯雨林《ねったいうりん》は、年間平均気温《ねんかんへいきんきおん》が25度《ど》を超《こ》え、一年《いちねん》を通《とお》して雨《あめ》の多《おお》い高《こう》温多湿《おんたしつ》の環境《かんきょう》です。アマゾン川流域《がわりゅういき》には地球上《ちきゅうじょう》の生物《せいぶつ》の種《しゅ》の4分《ぶん》の1がいるとされ、さまざまな動植物《どうしょくぶつ》が見《み》られます。そのジャングルのなかで、長年《ながねん》にわたって自然《しぜん》とともに暮《く》らしてきたのが先住民族《せんじゅうみんぞく》マチゲンガです。人口《じんこう》は5000人《にん》ほどといわれています。ほとんど文明化《ぶんめいか》が進《すす》んでいますが、ぼくがつきあってきたトウチャン一家《いっか》は、最近《さいきん》まで文明化《ぶんめいか》を避《さ》けて生《い》きてきた人《ひと》びとです。

マチゲンガは平和的《へいわてき》な民族《みんぞく》で、めったにけんかなどしません。仲間《なかま》うちではケチはいちばんきらわれ、食《た》べ物《もの》でもなんでも、平等《びょうどう》にわけあって暮《く》らしています。焼畑《やきはた》をしながら、気《き》がむいたら森《もり》で採集《さいしゅう》をし、数日《すうじつ》に1回《かい》、肉《にく》がなくなると狩《か》りに出《で》ます。なににつけのんびりしているので、作業《さぎょう》する時間《じかん》より、横《よこ》になって休《やす》んでいる時間《じかん》のほうが多《おお》いくらいです。

いつもマイペースなマチゲンガ族《ぞく》は、「急《いそ》ぐ」とか「がんばる」という言葉《ことば》を使《つか》うことがありません。マチゲンガの話《はな》す言葉《ことば》に、そういう単語《たんご》がないのです。

南米大陸《なんべいたいりく》の地図《ちず》

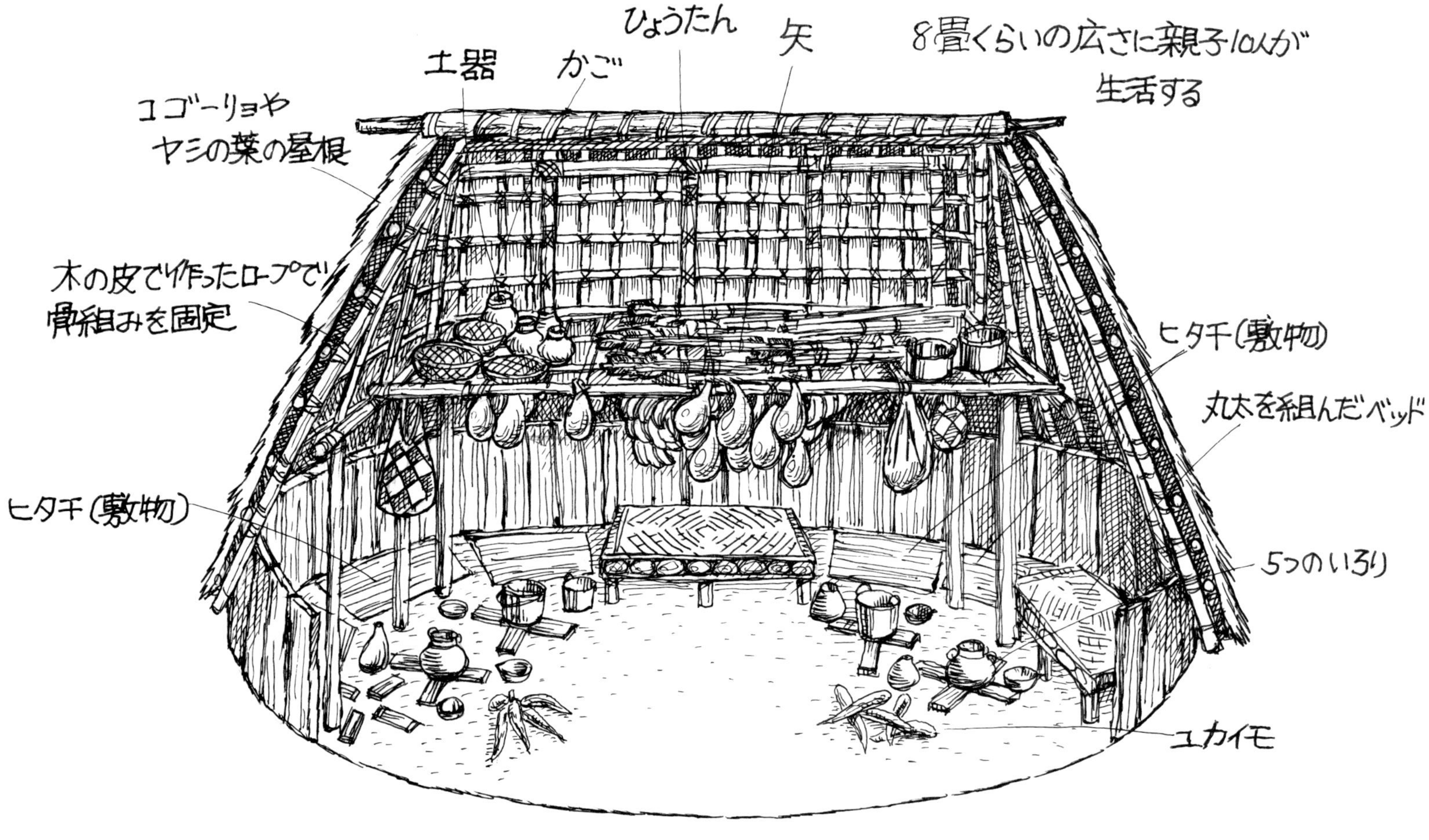

彼《かれ》らのシンプルな暮《く》らしを維持《いじ》するのに、必死《ひっし》になって働《はたら》く必要《ひつよう》はないので、それで問題《もんだい》ないのです。

◉家《いえ》

マチゲンガの家《いえ》は、草《くさ》ぶきの屋根《やね》をのせただ円形《えんけい》の家《いえ》です。日本《にほん》の家《いえ》に比《くら》べて小《ちい》さく、親子《おやこ》10人《にん》の世帯《せたい》で8畳《じょう》ほどです。材料《ざいりょう》はすべてまわりの森《もり》から取《と》ってきます。強《つよ》い繊維質《せんいしつ》の木《き》の皮《かわ》で作《つく》ったロープで、支柱《しちゅう》やはりを固定《こてい》し、ヤシやコゴーリョの葉《は》で屋根《やね》をふきます。

家《いえ》のなかには、ひとつの家《いえ》に1～2台《だい》、丸太《まるた》を組《く》んだベッドがあります。夫婦《ふうふ》と赤《あか》ん坊《ぼう》、大人《おとな》になった息子《むすこ》たちがそのベッドで寝《ね》ます。他《ほか》の家族《かぞく》は、床《ゆか》にヒタチという敷物《しきもの》をしいて寝《ね》ます。天井《てんじょう》のはりからはたくさんのかごや土器《どき》、ひょうたんの容器《ようき》などの生活道具《せいかつどうぐ》がぶらさげられ、矢《や》の束《たば》がのせられています。

マチゲンガの家《いえ》は、どんな線《せん》も管《かん》もいっさいつながっていません。いっぽう日本《にほん》の家《いえ》は、電気《でんき》、ガス、上下水道《じょうげすいどう》、電話《でんわ》など、たくさんの線《せん》や管《かん》がつなげられ、そのうちのひとつでもだめになるとパニックになります。さまざまなチューブにつなげられて生《い》きている病院《びょういん》の重症患者《じゅうしょうかんじゃ》のように、ぼくたちも、それを切《き》られると生《い》きていけないのです。マチゲンガが自然《しぜん》の一部《いちぶ》となって生活《せいかつ》しているのにたいして、ぼくたちは便利《べんり》で快適《かいてき》そうな暮《く》らしをすればするほど、自然《しぜん》からは遠《とお》のいていきます。

◉服装《ふくそう》

最近《さいきん》はティーシャツやズボンを着《き》ることも増《ふ》えてきましたが、伝統的《でんとうてき》なマチゲンガの服装《ふくそう》では、男性《だんせい》も女性《じょせい》も上半身《じょうはんしん》はだかで、布製《ぬのせい》の腰巻《こしま》きを身《み》につけます。布《ぬの》は、木《き》の皮《かわ》の繊維《せんい》や、焼畑《やきはた》で栽培《さいばい》した綿花《めんか》から糸《いと》をつむいで自分《じぶん》で織《お》ります。糸《いと》をつむいでから腰巻《こしま》きができるまで2ヵ月《げつ》ほどかかります。子《こ》どものころから日常的《にちじょうてき》に木《き》の実《み》などで作《つく》った首《くび》かざりを身《み》につけていて、とてもおしゃれです。男性《だんせい》は鳥《とり》の羽《はね》で作《つく》った頭《あたま》かざりもよくつけています。

◉食事《しょくじ》

夕方《ゆうがた》、魚《さかな》とりや狩《か》りに出《で》たグループが獲物《えもの》をかついで帰《かえ》ってくると、料理《りょうり》が始《はじ》まります。動物《どうぶつ》がとれた場合《ばあい》、肉《にく》は煮《に》こんだり、焼《や》いたり、弱火《よわび》でじっくりとあぶってくんせいにしたりします。獲物《えもの》はシチメンチョウ、ホウカンチョウなどの鳥類《ちょうるい》が多《おお》いようです。バクやイノシシ、ウーリーモンキーなどもよく食《た》べます。魚《さかな》は内臓《ないぞう》を取《と》ってうろこをはがし、洗《あら》ってぶつ切《き》りにして水《みず》を入《い》れた鍋《なべ》にほうりこみ、スープにします。焼畑《やきはた》で収穫《しゅうかく》したユカイモの皮《かわ》をむいてゆで、肉《にく》や魚《さかな》にそえます。味《あじ》つけは、もともとはトウガラシだけでしたが、最近《さいきん》は塩《しお》も使《つか》うようになりました。

たっぷりと時間《じかん》をかけた料理《りょうり》には、森《もり》と、川《かわ》と、大地《だいち》のにおいがつまっています。

◉地球《ちきゅう》ものがたり

熱帯《ねったい》の森《もり》の家族《かぞく》

2014年 3月31日　第1刷発行

著　者　関野吉晴
発行者　高橋信幸
発行所　株式会社ほるぷ出版
〒101-0061 東京都千代田区三崎町 3-8-5
電話 03-3556-3991／FAX 03-3556-3992
http://www.holp-pub.co.jp
印　刷　文化堂印刷株式会社
製　本　株式会社ハッコー製本

装丁・デザイン　三村 淳
イラスト　澤田 賢
編集協力　野地耕治（崑崙企画）

乱丁・落丁がありましたら、小社営業部宛にお送りください。
送料小社負担にてお取り替えいたします。

NDC915／223×234mm／ISBN978-4-593-58696-7

高精細印刷　HBP-700
この写真集は、最高級の美術印刷技術 HBP-700を使用しています。
HBPは、High Brightness and Pure colors の略で、通常印刷の175線に対し、
画素情報量で16倍の700線のきめ細かさを持つ印刷技術です。